赤ちゃんの
ぐずり泣きが
止まる本

けろっと泣き止む魔法のメソッド

日本音響研究所所長 鈴木 創

泣いている赤ちゃんと「音」でコミュニケーションする方法をお知らせします！

・・・・・・・・・・・・・・・・・・・・・・・・・

　日本音響研究所は、1974年の創業以来約50年、音の分析・鑑定・研究開発をすることで、警察や法律事務所、放送局、企業の商品開発などに協力してきました。古くはグリコ森永事件、最近では2024年初頭に起きた羽田空港事故など研究所の分析・鑑定技術はさまざまな場面で活用されてきました。その技術を応用して、赤ちゃんの泣き声の研究をするようになって、約20年になります。

　あるお仕事がきっかけで、子育て中のお母さんの中には、赤ちゃんの夜泣きに困っている方が大変多いことを知り、赤ちゃんがなぜ泣くのか、何を求めているのか、どうすればこちらの声を聞いてくれるのか……さまざまな疑問を持つようになりました。この20年、これらの答えを探し続けてきました。これまでに当研究所で関わらせていただいたお仕事を通じて、泣いている赤ちゃんの96.2％が泣き止むところまで私たちの研究は進みましたが、いまだ100

％完全に赤ちゃんを泣き止ませる方法は解明されていません。それだけ、赤ちゃんは学習能力が高く、なかなか手ごわい相手です。私自身、女の子と男の子、二人の父親であり、子育て時代はさまざまな本を買って勉強しながら、毎晩格闘した思い出があります。そんな経験の中から、この本では次の３つの点を工夫しました。

１　赤ちゃんは１つの方法ではすぐに飽きてしまうので、お父さん・お母さんが<u>状況に合わせてアレンジできるよう</u>、<u>シンプルな理論を紹介しています。</u>
２　ちまたにあふれる情報の信憑性（しんぴょうせい）を<u>専門家の視点から分析し、実際のやり方をご紹介しています。</u>
３　子育て中のお父さん・お母さんが少しでも楽になるよう、できる限り読む情報より<u>見る情報を多くしています。</u>

　特に赤ちゃんが初めてのお父さん・お母さんは、どうしたらいいか分からないこともたくさんあり、不安なことでしょう。そんなみなさまにとって、この本が子育てを楽しむきっかけになれば、大変うれしく思います。

日本音響研究所所長　鈴木　創（はじめ）

はじめに…2

introduction
赤ちゃんとのコミュニケーション術

topic 01 　赤ちゃんは泣くのが仕事…8
topic 02 　ぐずり泣きの見分け方…10
topic 03 　赤ちゃんは音のベテラン…12
topic 04 　ぐずり泣きを止める2つの方法…14
topic 05 　赤ちゃんがハッとする仕組み…16
topic 06 　赤ちゃんがホッとする仕組み…18
topic 07 　赤ちゃんが聞きやすい音…20
topic 08 　赤ちゃんが聞きやすいテンポ…22
topic 09 　赤ちゃんのぐずり泣きが止まる動画…24
　　　　　　◆ ハッとして泣き止む動画…24 　動画QRコード付き

part 1
赤ちゃんの好きな音【やってみる篇】

step01 　手と口でやってみる…26

基本篇 　　　　　　◆ 赤ちゃんのテンポをつかむ…27
　　　　　　　　　◆ 赤ちゃんの心音を聞く…27
　　　　　　　　　◆ ハッとさせたいとき…27 　動画QRコード付き
　　　　　　　　　◆ ホッとさせたいとき…27 　動画QRコード付き

ハッとさせる篇 　　❶ 手をたたく…28 　動画QRコード付き
　　　　　　　　　❷ 口を鳴らす…29 　動画QRコード付き

ホッとさせる篇 　　❶ シー　　　…30 　動画QRコード付き
　　　　　　　　　❷ あくびする…31 　動画QRコード付き

step02 　読み聞かせをやってみる…32

　　　　　　　　　◆ ホッとして眠くなる動画…32 　動画QRコード付き
　　　　　　　　　「おやすみケロちゃん」…33

step03　身近なものでやってみる…44

ハッとさせる篇　　　　　　❶ インターホン…45

　　　　　　　　　　　　　　❷ アラーム…45

ホッとさせる篇　　　　　　❶ 換気扇…46

　　　　　　　　　　　　　　❷ 水道…46

　　　　　　　　　　　　　　❸ そうじ機…47

　　　　　　　　　　　　　　❹ 洗濯機…47

ハッとさせてホッとさせる篇　❶ ドライヤー…48

　　　　　　　　　　　　　　◆ ハッとさせたいとき…48　動画QRコード付き

　　　　　　　　　　　　　　◆ ホッとさせたいとき…49　動画QRコード付き

　　　　　　　　　　　　　　❷ レジ袋…50

　　　　　　　　　　　　　　◆ ハッとさせたいとき…50　動画QRコード付き

　　　　　　　　　　　　　　◆ ホッとさせたいとき…51　動画QRコード付き

　　　　　　　　　　　　　　❸ 新聞紙…52

　　　　　　　　　　　　　　◆ ハッとさせたいとき…52　動画QRコード付き

　　　　　　　　　　　　　　◆ ホッとさせたいとき…53　動画QRコード付き

　　　　　　　　　　　　　　❹ エアキャップ…54

　　　　　　　　　　　　　　◆ ハッとさせたいとき…54　動画QRコード付き

　　　　　　　　　　　　　　◆ ホッとさせたいとき…55　動画QRコード付き

★column　　赤ちゃん研究20年の軌跡①…56

part 2
赤ちゃんの好きな音【ハッとする篇】

music01　タケモトピアノ…58

music02　シングル・レディース（プット・ア・リング・オン・イット）…60

music03　ふかふかかふかのうた…62

music04　恋…64

music05　涙くん、今日もおはようっ…66

music06　アンパンマンのマーチ…68

★column　　赤ちゃん研究20年の軌跡②…70

part 3
赤ちゃんの好きな音【ホッとする篇】

music01　カノン…72
music02　POISON〜言いたい事も言えないこんな世の中は〜…74
music03　G線上のアリア…76
music04　マリゴールド…78
★column　歌えば歌うほど音痴は治る…80

part 4
赤ちゃんの常識・非常識

赤ちゃんを知るための6つのクイズ…82
Q1　赤ちゃんは雨の日ほどよく泣く？…83
Q2　赤ちゃんは静かじゃないと眠れない？…85
Q3　赤ちゃんはドライブが好き？…87
Q4　赤ちゃんはオルゴールが好き？…89
Q5　赤ちゃんはレゲエが好き？…91
Q6　赤ちゃんは大きな声で怒鳴ると泣き止む？…93

おわりに…95

◆ この本について……………………………………………………………………………

この本は、ぐずり泣きしている赤ちゃんを、泣き止ませたり、笑顔にしたり、眠らせたりすることを目的に、その方法論を科学的根拠に基づいてご紹介しています。
・この本のメソッドが通用するのは「ぐずり泣き」の場合のみです。赤ちゃんが生理的な理由や欲求（どこか痛い所がある、体調がすぐれない、おなかがすいた、おむつを変えてほしい、など）があって泣いている場合は通用しませんので、赤ちゃんの泣き声をよく聞いて、赤ちゃんの表情を見てあげてください（P10参照）。
・主に目が見えるようになる前の赤ちゃん（0歳〜1歳）や、言葉を話せるようになる前の赤ちゃん（0歳〜1歳半）を対象にしていますが、3歳まではこの本のメソッドが有効です（P12参照）。
・本書では「デシベル」は人間の聴感を反映したA特性（一般的騒音計で測定可能）の数値です。

◆ 動画について……………………………………………………………………………

この本には16本の動画のQRコードおよびURLが掲載されています。
・スマートフォンをお持ちの方は、各ページのQRコードからアクセスしてください。
・電子版をお読みの方は、各ページのURLからアクセスしてください。
・パソコンをご利用の方は、こちらのURLから再生リストにアクセスしてください。
　https://00m.in/baby
・アクセス後は、動画サイト（YouTube）に接続されます。なお、動画サイトの都合により、予告なく動画が変更・終了になる場合がございますので、予めご了承ください。

赤ちゃんとの
コミュニケーション術

赤ちゃんとコミュニケーションするためのポイントは、
「赤ちゃんの泣き声をよく聞くこと」
「こちらの発する音を赤ちゃんに聞いてもらうこと」
です。そのために役立つことをご紹介します。

赤ちゃんは泣くのが仕事

赤ちゃんは泣くことしかできないので、何か要求があるときも、ちょっとおしゃべりしたいときも、とりあえず泣きます。まずは、赤ちゃんの泣き声がどんなものなのか、音を構成する三要素を軸に説明しましょう。

◆ 音の三要素その1　大きさ　単位：デシベル

まずは単純に音の大きさです。大きさの目安として例をあげます。

・**50デシベル**：人が対面で話す声
・**70〜80デシベル**：渋谷のスクランブル交差点
・**90デシベル**：救急車や消防車のサイレン（20メートル離れた所）

救急車や消防車のサイレンは、20メートル離れた所で90デシベル以上と、法律で音の大きさが決まっています。ちょっとうるさい都会でも埋もれない程度の音ですが、赤ちゃんの泣き声は、おおよそ90デシベルで、サイレンの音と同じくらいです。しかも、赤ちゃんは30cmの距離で泣きますから、とても大きな音なのです。

◆ 音の三要素その2　高さ　単位：ヘルツ

次は音の高さです。目安になる例をあげておきます。

・**100〜200ヘルツ**：男性の話し声
・**200〜300ヘルツ**：女性の話し声
・**3000ヘルツ**：警察官などが吹くホイッスル
・**1000〜4000ヘルツ**：救急車や消防車のサイレン（20メートル離れた所）

人間が聞こえる領域は20〜20,000ヘルツで、CDに入れられる音域はこの範囲内です。中でも大人が聞きやすい周波数が1000〜5000ヘルツで、これは耳の外耳道のつくりによります。外耳道は耳の大きさによって異なり、男性は女性より体が大きい分耳の穴も大きいので、聞こえやすい周波数も若干低くなります。耳の大きさが大人の半分くらいの赤ちゃんは、大人の倍ぐらい高い周波数、5000〜8000ヘルツの音が聞きやすくなります。赤ちゃんの泣き声は1000〜3000ヘルツぐらいで、高さもまたサイレン並みです。赤ちゃんは、お父さん・お母さんに気づいてもらうために泣いているのです。

◆ 音の三要素その3　音色

同じ大きさ、高さであっても、ピアノの音とバイオリンの音が違うように、それぞれの音の特色を音色と言います。

スペクトログラフの見方

音の三要素をひとめで分かるように表しているのが、スペクトログラフ（周波数分析図面・P45〜55など参照）です。図面上では、

・**横軸＝時間**　　　・**縦軸＝音の高さ**
・**濃さ＝音の大きさ**　　・**紋様＝音色**

を表します。本文中の図面で、白い部分は音のない部分です。

まとめ

☐ 赤ちゃんの泣き声の大きさはサイレン並み
☐ 赤ちゃんの泣き声の高さもサイレン並み
☐ 高さは大人が聞きやすい周波数

ぐずり泣きの見分け方

この本でご紹介するメソッドは、ぐずり泣きにしか通用しません。おむつが汚れたとき、ミルクを飲みたいときなど何か要求があるときは、要求が通るまで赤ちゃんは泣き止みません。ぐずり泣きを見分けるポイントを紹介します。

◆ 赤ちゃんが泣く原因

赤ちゃんが泣く原因をあげてみましょう。

・おむつが汚れている（おむつを変えてほしい）

・おなかがすいた（ミルクがほしい）

・痛い（痛みをなくしたい）

・かゆい（かゆみをなくしたい）

・暑い（涼しくしてほしい）

・寒い（温かくしてほしい）

・思い通りではないことがある（思い通りにしたい）

こういうときは、要求をかなえてあげないと、泣き止みません。ところが、特に要求がないのに泣いてしまうことがあります。例えば、

・眠い

・疲れた

・興奮している

・黄昏泣き（日が暮れると泣きたくなる）

これらに加えて、何も理由がない「ぐずり泣き」のこともあります。この本のメソッドが通用するのはぐずり泣きの場合のみです。

◆ 異常のある泣き方は要注意

赤ちゃんが体調を崩していたり、痛みを感じたりして、泣いている場合は、特に気をつけてあげなければなりません。以前、商品開発の際に病院で異常といわれる泣き方の分析データをとったことがあります。これがすべてとは言い切れませんが、特徴的だったものをいくつかまとめます。

・「きいい〜〜〜」など金切声をあげている
・「あー」ではなく「いー」と泣いている
・澄んだ音ではなく、「あ゛ー」など濁った声で泣いている
・しわがれ声だったり声が出ていなかったりする
・呼吸に雑音がまじりぜえぜえしている

何か要求があるときは、泣き止んでもまたすぐ泣いてしまいます。苦しいと訴えている赤ちゃんには、この本のメソッドは有効ではありませんので、注意してあげてください。

◆ 音だけでなく表情を見てあげる

最終的には声だけでなく、顔の表情も見てあげてください。いつもと違う場合は、医療機関を受診するなど万全の対策をとってください。

> **まとめ**
>
> ☐ 赤ちゃんは理由なく泣くこともある
> ☐ 異常な泣き方のときは注意！
> ☐ 声を聞いて表情を見て合わせて判断する

赤ちゃんは音のベテラン

赤ちゃんは成長するにしたがって、だんだんと目が見えるよう
になり、言葉を発するようになっていきます。でも、目が
見えるようになったり、言葉を発する前の赤ちゃんにとって、
外界とつながる手段は「音」がメインです。

◆ 赤ちゃんの視力の成長

日本小児保健協会のウェブサイト（※１）によると、赤ちゃんの平均
的な視力の発達は次のようになっています。
・生後１～２ヵ月　　0.01～0.02
・生後６ヵ月　　　　0.1
・生後12ヵ月　　　　0.2
赤ちゃんが完全に目が見えるようになるのは３歳ごろと言われてお
り、生後間もない赤ちゃんは、ほとんど目が見えません。
見てほしいときは、顔から20～30cmぐらいに近づけるといくらか見え
ます。赤ちゃんは、キラキラ光るものや、カラフルなもの、動くもの
が好きです。目があまり見えない分、赤ちゃんは音をたよりにしてい
ます。

◆ 赤ちゃんの言葉の成長

厚生労働省の「乳幼児身体発育調査（※２）」によると、赤ちゃんが
片言で話すようになる（単語を言うようになる）確率は次のようにな
っています。

（※１）小児保健協会オンラインジャーナル（80-6）「乳幼児期における視覚スクリーニングの重要性」参照
（※２）平成22年度乳幼児身体発育調査「一般調査による幼児の言語機能通過率」参照

・生後9〜10ヵ月　　10%程度
・生後12〜13ヵ月　　50%程度
・生後18ヵ月　　　　90%程度

1歳半で言葉を発するようになるまで、赤ちゃんは自分の意思を伝えることはできませんので、泣くことでお父さん・お母さんに要求を伝えたり、おしゃべりしたりします。お父さん・お母さんから発せられる声や音は赤ちゃんには聞こえていますので、やはりコミュニケーション手段は、音ということになります。

◆ 赤ちゃんの聴力の成長

耳の成長については、生後間もないころからよく聞こえています。もっとも、お母さんのおなかにいるときからずっと音を聞いていますから、赤ちゃんは音に関しては生まれたときからベテランです。特に聞き慣れたお母さんの声は、リズムやイントネーションを生まれたときから認識していますから、お母さんの声を聞くと安心します。

目が見えるようになるのも、言葉を発するようになるのも、しばらくは時間がかかります。一番成長が早いのは、聴覚です。そういった理由から、まだ目が見えず、言葉も分からない生後1年以内の赤ちゃんとは、音でコミュニケーションをとるのが一番です。

まとめ

☐ 目が見えるようになるのは3歳ごろ
☐ 片言で話せるようになるのは1歳半ごろ
☐ 耳は生後間もない赤ちゃんも聞こえている

topic 04

ぐずり泣きを止める2つの方法

赤ちゃんのぐずり泣きを止めるためには、大きく分けると
2つの方法があります。この2つを押さえれば、この本で
紹介するメソッドの8割は完成です。少し難しい言葉です
が、「定位反射」と「暗騒音」は覚えておくと◎！

◆ 赤ちゃんへの2つのアプローチ法

音声分析という研究所のノウハウを生かして、泣いている赤ちゃんを
泣き止ませる商品開発などを長年行ってきました。ごくシンプルに言
うと、赤ちゃんを泣き止ませるメソッドは、2つの方向性があります。

・覚醒化：面白がらせる　→　ハッとさせる
・鎮静化：安心させる　　→　ホッとさせる

ぐずり泣きしている赤ちゃんへのアプローチ方法はこの2つがあると
いうことをまず知ってください。この2つの方法を自由自在に使い分
けることができれば、一気に子育てが楽になります。次は、この2つ
の方法を実践するための2つのキーワードを解説します。

◆ 「定位反射」を利用してハッとさせる

生まれて間もない赤ちゃんは経験値がないため、音がするたびに、
「あれは何？　これは何？」と興味をもって反応します。この興味を
もって反応することを「定位反射」といいます。定位反射が続くと、
夢中になって泣くことを忘れてしまいます。そんなだまし討ちみたい
なこと!?　と思われるかもしれませんが、これが一番効果があります。

でも敵もさるもので、慣れるとすぐに飽きてしまうので、こちらも工夫が必要です。手をたたくだけでも、10通り、いいえ20通りぐらいなければ泣き止ませることはできないでしょう。<u>手を変え、品を変え、音を連続させていくことで、赤ちゃんの気を引くことができます。</u>商品開発の際は、動物の泣き声や海外の打楽器を使い、リズムもパートごとに変え、転調をくり返すなど、赤ちゃんの気を引くために、我々も必死で取り組んでいます。

◆「暗騒音」をコントロールしてホッとさせる

赤ちゃんを面白がらせる覚醒化とはまったく逆で、赤ちゃんを安心させて泣き止ませる方法が鎮静化です。赤ちゃん研究を続けていくうちに、データがどんどん蓄積され、ある程度分類化できるようになってきたところで我々が気づいたのが、鎮静化の方向です。<u>赤ちゃんをホッとさせて、うまくいけば眠りにつかせるところまで持っていく方法</u>で、この方法の鍵となるのが、「暗騒音」です。<u>暗騒音とは、ごくシンプルに言えば雑音のことです。</u>お母さんのおなかの中は意外に雑音が多く、赤ちゃんは私たち大人が想像する以上に、雑音が好きです。<u>暗騒音をコントロールして、赤ちゃんの好きな環境を作ってあげると安心して泣き止んでくれます。</u>

まとめ

☐ 赤ちゃんを泣き止ませる方法は2つある
☐ 赤ちゃんの「これ何?」を利用する
☐ 赤ちゃんは意外に雑音が好き

赤ちゃんがハッとする仕組み

ここまでで、赤ちゃんとは音でコミュニケーションをとるとよいこと、その方法は2つあることがお分かりいただけたかと思います。ここではそのうちの1つ、「ハッとさせる」ための「定位反射」について、詳しく解説します。

◆ 音の「いないいないばあ」

「定位反射」についてもう少し詳しく解説しましょう。例えば、道を歩いていて大きな音がしたら、「事故かな？」と思ってふり向きますよね。一方で、いつもいるリビングでエアコンがピピピと鳴ったとしても、温度調節しているのねと思うだけで、わざわざふり向かないでしょう。その音がエアコンの温度調節の音と知っているからです。
ふり向くのは、これまで経験したことのない音や、珍しい音。これは赤ちゃんも同じです。ですから、泣いている赤ちゃんがうっかり泣くのを忘れてしまうくらい夢中になる音とは、初めて聞く音か珍しい音で、これ何だろう？　と思わせる音や、面白いと感じさせる音です。
赤ちゃんは「いないいないばあ」が大好きですが、いない所からばあと出てくるので、何だろう？　と思う、まさに定位反射なのです。でも、生後間もない赤ちゃんは、まだ目がよく見えませんから、音で「いないいないばあ」をやってあげるといいわけです。

◆ 赤ちゃんの好きな歌

次の2つの童謡のうち、赤ちゃんが好きな歌はどちらでしょう？

１　『ふるさと』　♪うさぎ追いしかの山
２　『赤とんぼ』　♪夕焼け小焼けの赤とんぼ

答えは、２の赤とんぼです。歌は一定の音程より変化があるほど、赤ちゃんの気を引くことができます。この２つの曲の音程を表すと、

１　『ふるさと』

　→　→　→　↗　↘　　→　→　↗　↗

♪うーさーぎーおーいしーかーのーやーまー

２　『赤とんぼ』

　　↗↗↗　↗↗↗↘↘↗↘↗　　↗　　↗

♪ゆうや〜けこやけえのあかと〜ん〜ぼ〜

２のほうが、高低差が多いことが分かるでしょう。赤ちゃんはこういった、高低差のある曲や、リズムの変わった曲が大好きです。

◆　赤ちゃんがふり向く曲

これまでいろいろな曲を分析してきましたが、赤ちゃんの好きな曲は圧倒的にCMの曲が多いです。CMの曲は、そもそもたくさんのCMがある中で目立たなければなりません。ですから優秀なCMほど、赤ちゃんはハッとします。かけ声があったり、変わった音が入っていたり、にぎやかなリズムだったり、そういう曲は赤ちゃんも大好きです。

まとめ

☐ 赤ちゃんには音で「いないいないばあ」を！
☐ 赤ちゃんは音程差や変わったリズムが好き
☐ 赤ちゃんは優秀なＣＭが好き

赤ちゃんがホッとする仕組み

これまで解説したとおり、ぐずり泣きする赤ちゃんを泣き止ませる方法は、「ハッとさせる」方法と「ホッとさせる」方法と2つあります。このうち、「ホッとさせる」ための「暗騒音」について、詳しく解説します。

◆ 暗騒音が高いと赤ちゃんは安心する

「暗騒音」について、もう少し詳しく解説しましょう。そもそも、音には信号と雑音があります。ママ友が集まってカフェでお茶している場合、信号が話し声で、エアコンの音や食器のふれあう音などが雑音になります。信号がないときに出ている音を「暗騒音」といいます。暗騒音が大きいと、信号音は聞きとりにくくなります。

暗騒音と信号音を海と島に例えてみましょう。海面の水位＝暗騒音が20デシベルとして、そこに30デシベルの信号音があれば、海に浮かぶ島のようにぽっかり出てきます。ところが、暗騒音が40デシベルあると、島は海にすっぽりうまってしまって見えなくなります。つまり、暗騒音が高いと、ちょっとした音に気づきにくくなります。

赤ちゃんも暗騒音が高いと、他の音が気にならなくなるので、ちょっとした音で目が覚めてぐずり泣きをすることも減ってきます。

◆ 静かすぎると安心できない!?

これは大人にも共通して言えることですが、音がない所にいると、人間は不安になります。その昔、海外にはわざわざ音のない部屋に閉じ

込めるという拷問法もあったくらいで、人間は静かすぎるとストレスを感じたり、吐き気をもよおしたりするそうです。ある程度の暗騒音があると安心するのは大人も赤ちゃんも同じのようです。

◆ 暗騒音のコントロール法

赤ちゃんに暗騒音を聞かせる一番手っ取り早い方法は、
・テレビやラジオをつける
・窓を開ける
・換気扇を回す
・エアコンをつける
・水道から水を流す
などがあります。こういった生活音は、他の信号が重なっても、ある程度信号をマスキングしてくれるので、赤ちゃんは安心できます。
また、お母さんのおなかの中の音を再現してあげるのも効果的です。
・ビニールをくしゃくしゃする
・上下の歯を閉じて「シー」と口で音を出す
これらは、おなかの中で聞こえるお母さんの血流音に似ていると言われています。ビニール袋の音は脈拍に合わせてシャッシャッシャッとすると効果が高まります。詳しくはpart I（P25〜）で解説します。

まとめ

☐ 暗騒音が高いとぐずり泣きは減る
☐ 静かすぎると赤ちゃんは安心できない
☐ 生活音を聞くだけでも赤ちゃんは安心する

赤ちゃんが聞きやすい音

ここまでで、赤ちゃんが好きな音がある程度、分かってきたと思います。ここでは、より赤ちゃんのストライクゾーンに近づくために、赤ちゃんの好きな音について、より詳しく紹介します。

◆ 大音量で泣いている赤ちゃんにどう聞かせるか

topic 01（P 8 ）の音の大きさの説明で、赤ちゃんがいかに大音量で泣いているか、お分かりいただけたかと思います。そもそもの問題として、本人が大音量で泣いている中、どうやってこちらからアプローチすべきか、実はこれ、けっこうハードルが高いのです。
単純に考えると、大音量に負けない大音量で挑みたくなるものですが、繊細な赤ちゃんの耳元で大きな音を鳴らすというのは、絶対にやってはいけないことです。ではどうすればよいかというと、大事なことは次の3点です。
・赤ちゃんの耳元でささやく
・赤ちゃんが聞きやすい音を出す
・赤ちゃんが好きな音を出す

◆ 大人とは聞こえる音が違う

赤ちゃんが聞きやすい音とはどんな音でしょう？　topic 01（P 8 ）の音の高さの説明の中で、赤ちゃんと大人では、聞きやすい周波数が異なる話をしました。

・大人が聞きやすい周波数は**1000〜5000ヘルツ**
・赤ちゃんが聞きやすい周波数は**5000〜8000ヘルツ**

これまで、研究所に寄せられた赤ちゃん関連の分析をまとめてみると赤ちゃんが泣き止むと言われる音楽は、大体、6000〜7000ヘルツの音が含まれていることが分かっています。聞きやすい周波数の音が鳴っていると、泣いている赤ちゃんも刺激をうけて泣き止みます。具体的な音楽については、part2（P57〜）で紹介します。

◆ 赤ちゃんが好きな音とは

赤ちゃんは、初めて聞く音や珍しい音が好きです。topic 04〜06（P14〜19）でお話しした通り、次のようなものが特に好きです。

・威勢のいいかけ声や動物の泣き声
・お母さんと同年代の女性の声
・高低差のあるメロディ
・海外の珍しい打楽器や英語の発音
・変わったリズム
・転調などの曲中の変化

これらに加えて、音楽のテンポも大事になってきます。次のページではテンポについて解説します。

まとめ

☐ 泣いている赤ちゃんには耳元でささやく
☐ 赤ちゃんは高い周波数の音が好き
☐ 赤ちゃんは初めて聞く音や珍しい音が好き

赤ちゃんが聞きやすいテンポ

赤ちゃんとコミュニケーションするための理論は、これで最後
です。最後に、赤ちゃんのテンポをつかんでください。テ
ンポはとても大事です。テンポを合わせてあげれば、こち
らの思いも、赤ちゃんに伝わりやすくなります。

◆ 大人の子守歌はゆっくりすぎる

♪ねんねん　ころ〜りよ〜　おこ〜ろ〜り〜よ〜　は誰でも一度は聞
いたことのある有名な子守歌ですが、一般的に子守歌と呼ばれるもの
はどんな曲も、聞いていると眠くなりますよね。でもこれは、大人が
聞いて眠くなるというだけで、実は赤ちゃんにとっては、特に眠くな
るものではないのです。
赤ちゃんにはもっと速いテンポが向いています。大人にとっては、眠
るにはちょっと速すぎるかな、と思うくらいのテンポのほうが、赤ち
ゃんは眠りにつきやすいと言われています。ぐっすり眠らせるための
理想の曲は、こんな曲だと言われています。
・一音一音が長い曲
・くり返しが続く曲
・終わりにいくにしたがって徐々に刺激がなくなっていく曲

◆ 赤ちゃんの心臓の音を聞いてテンポを合わせる

理想的なテンポは、赤ちゃんの心臓の音を聞いていただくと分かりま
す。赤ちゃんの心臓の鼓動は、普通の大人より速く、泣いているとき

はさらにバクバクと速くなります。もちろん眠りにつくのにゆっくりのテンポを与えてあげることはやぶさかではないのですが、突然ゆっくりのテンポを与えられても、赤ちゃんは急に合わせられません。まずは、お父さん・お母さんが赤ちゃんの体に耳を当てて、心臓の鼓動を聞いてテンポを合わせてあげると、シンクロしやすくなります。
人間は外からのリズムに自分のリズムを合わせる習性がありますので、だんだんゆっくりにしてあげると、気持ちも落ち着き、心臓の鼓動も落ち着き、うまくいけば眠りに入ってくれることでしょう。

◆ 一番簡単なテンポの与え方は、背中ポンポン

音というものは、実は空気の振動です。声は、声帯を振動させて、それが空気の振動になって耳に伝わり、鼓膜を振動させることで脳に伝わります。鼓膜の振動で感知できないくらい低い音になると体の触覚で受けとるようにできています。話が難しくなりかけましたが、要は音を感じるのは耳だけではないということです。これを赤ちゃんに置き換えると、電車など音を出せないシチュエーションでも、振動をうまく使って赤ちゃんが安心するテンポを伝えてあげられます。具体的には、抱っこしてゆらしてあげる、ポンポン背中をたたいてあげることです。詳しいやり方はpartⅠ（P25〜）で紹介します。

まとめ

- ☐ 子守歌は赤ちゃんにはゆっくりすぎる
- ☐ 心音を聞いてテンポをつかむ
- ☐ 背中ポンポンで安心させる

赤ちゃんのぐずり泣きが止まる動画

研究所では、これまで解説してきたような理論に基づいて商品開発をしていますが、そのノウハウを生かして、この本のためにオリジナル動画を1から制作しました。スマートフォンやパソコンで再生してお楽しみください。

［この動画］でできること

ハッとさせる

明るいラテンの曲調を用いました。ラテン音楽に使用される打楽器には他の音楽と異なった音色のものが多く、赤ちゃんが定位反射をおこしやすい傾向があります。次の点を確認してから再生してください。

☐ **赤ちゃんが異常な泣き方をしていないか（P10参照）**
☐ **赤ちゃんの表情は大丈夫か（P11参照）**
☐ **再生音量は大丈夫か、赤ちゃんの耳に近づけすぎないように**

◆ ハッとして泣き止む動画

https://youtu.be/qz54aSm_6wc

動画はあまり視力がない赤ちゃんでも変化を感じやすいシンプルな構成にしています。赤ちゃんの成長段階に合わせて、まだ視力が充分でない場合は、音だけ聞かせてあげてください。

赤ちゃんの
好きな音
【やってみる篇】

ここまでで、ぐずり泣き対策の基本はOKです。
でも、赤ちゃんはどんどん学習していきます。
こちらも工夫して、いろいろやってみないとなりません。
この章では実際のやり方を詳しくご紹介します。

手と口でやってみる

・・・・・・・・・・・・・・・・・・・・・・・・

寝かしつけで一番重要なのは、親が出す音です。赤ちゃんは、親が出す音にいつも注目しています。その分、慣れてしまうと効果が薄れるので、基本を押さえて、変化をつけながらいろいろ試してください。

［step01］でできること

赤ちゃんのテンポをつかむ　➡ 基本篇

introductionの子守歌の例（P22）のように、赤ちゃんのテンポは大人が想像するよりも速いので、まずは赤ちゃんのテンポを知ってください。そして、徐々にこちらの与えるテンポに合わせてもらいましょう。

赤ちゃんを引きつけるコツをつかむ　➡ ハッとさせる篇

面白がらせてごきげんにさせたいときも、安心させて眠らせたいときも、最初はハッとさせて引きつけることが不可欠です。そのためには赤ちゃんの好きな音を出して、定位反射をうながしましょう。

赤ちゃんを安心させるコツをつかむ　➡ ホッとさせる篇

赤ちゃんは静かすぎるのが苦手です。暗騒音のレベルが高いほど、安心してくれます。お母さんのおなかにいたときから聞いていた音は一番効果があるので、似た音を出す簡単な方法を紹介します。

基本篇 赤ちゃんのテンポをつかむ

◆ 赤ちゃんの心音を聞く

赤ちゃんのテンポをつかむためには、まず心臓の音を聞いて、鼓動のテンポをつかみましょう。

① 赤ちゃんの心臓に耳を当てる
② 音を聞いてテンポをつかむ
③ 合わせて背中をポンポンする

◆ ハッとさせたいとき

赤ちゃんが楽しくなるよう、速いテンポを与えてあげましょう。表情を見ながら、できるだけ赤ちゃんの体を起こしてあげると効果的。

① 心音に合わせてポンポンする
② だんだん速くしていく

 https://youtu.be/8wyTeNULChM

◆ ホッとさせたいとき

赤ちゃんが安心するよう、ゆっくりのテンポを与えてあげましょう。表情を見ながら、できるだけ赤ちゃんの体を寝かせてあげると効果的。

① 心音に合わせてポンポンする
② だんだんゆっくりにしていく

 https://youtu.be/BExH59uWapc

手をたたく

point
- ☐ テンポよくたたく
- ☐ あちこちに移動する
- ☐ 目に見える位置でもたたく

 https://youtu.be/tQI1i417Y0E

how to ①

テンポよくたたく

はじめにインパクトの強い音を出して、赤ちゃんをハッとさせましょう。「何だろう?」と思ってもらえるように、できるだけ連続してテンポよく音を立てましょう。

how to ②

あちこち移動する

音がいろいろな方向から聞こえてくると、赤ちゃんは喜びます。たたくだけでなく、両手をこすり合わせたりしながら頭の周りをあちこち移動してみましょう。

how to ③

目に見える位置でもたたく

赤ちゃんは、目はあまり見えませんが、近くなら少しは見えます。赤ちゃんが怖がらないように表情を確認しながら、見える位置でも手をたたいてみましょう。

ハッとさせる篇 ❷ ハ！ # 口を鳴らす

point
- ☐ いろいろな音を立てる
- ☐ 近づいたり離れたりする
- ☐ 赤ちゃんの好みを確認する

https://youtu.be/IKA7LDOYhMk

how to ①
いろいろな音を立てる

舌を鳴らすチッチッという音、歯の間から空気を出す音シーシーという音、唇を閉じたり開いたりするパッパッという音、口だけでもいろいろ音が出せます。

how to ②
近づいたり離れたりする

音がいろいろな方向から聞こえてくると、赤ちゃんは「何だろう？」と興味を示します。頭の周りをあちこち移動しながらやってみましょう。

how to ③
赤ちゃんの好みを確認する

どんな音が好きか、赤ちゃんによって好みがあります。赤ちゃんがどんなときに喜んでいるか、様子を見ながら、好きそうなものを中心にやってみましょう。

point
- ☐ お母さんの脈拍に合わせる
- ☐ 耳をおおってあげる
- ☐ 息つぎをしながら続ける

https://youtu.be/9-bKpivkjlA

how to ①
お母さんの脈拍に合わせる

歯を閉じて息を吐くと出るシーという音はお母さんのおなかで聞いていたお母さんの血流音に似ています。お母さんの脈拍に合わせてあげると効果大です。

how to ②
耳をおおってあげる

他の音が入らないように、赤ちゃんの耳をおおってあげるとより安心感が高まります。お母さんのおなかの中の音の環境をできるだけ再現してあげましょう。

how to ③
息つぎをしながら続ける

お母さんのおなかでは、絶え間なくこの音が流れています。ずっと続けるのは簡単ではありませんが、息つぎをしながら、リズミカルに続けてあげましょう。

ホッとさせる篇 ❷ ホ! **あくびする**

point
- ☐ あくびの音を聞かせる
- ☐ 口をむにゃむにゃさせる
- ☐ 眠くて仕方がないオーラを出す

https://youtu.be/x1ug6vlacDQ

how to ①
あくびの音を聞かせる

ある研究結果では、赤ちゃんが見て一番眠くなる画像は、あくびの画像とのこと。あくびの音を聞かせることももちろん効果があります。

how to ②
口をむにゃむにゃさせる

あくびの合間に口をむにゃむにゃさせましょう。「あ〜あ　むにゃむにゃむにゃあ〜あ　むにゃむにゃむにゃ」とくり返すと効果があります。

how to ③
眠くて仕方がないオーラを出す

こうしていると、お父さん・お母さんも眠くなってくるから不思議なものです。一番効果があるのは、お父さん・お母さんが眠いオーラを全開に出すことです。

読み聞かせをやってみる

言葉の分からない赤ちゃんのうちから、読み聞かせをすると
コミュニケーション能力の高い子に育つと言われています。
研究所のノウハウを生かしてオリジナルストーリーを
作りましたので、お休み前に読んであげてください。

［step02］でできること

ハッとさせて　　ホッとさせて　　眠らせる

step 01 （P26）ではぐずり泣きする赤ちゃんを一時的にハッとさせたり、ホッとさせる技を紹介しましたが、ここでは、引きつけて、安心させて、眠らせてしまう読み聞かせに挑戦しましょう。

- □ 読む速度：最初は読みやすい速さで。徐々にゆっくりにしていく
- □ 声の強弱：最初はメリハリをつける。徐々に穏やかにしていく
- □ 声の高低：最初は高い声と低い声を使い分ける。徐々に低くしていく

 ◆ ホッとして眠くなる動画

動画を再生して赤ちゃんに聞かせてあげてもよいですし、動画を参考にお父さん・お母さんの声で読んであげると効果絶大です。

https://youtu.be/jSMLuEnP5zM

「おやすみケロちゃん」

ケロちゃんは夜がきらいです。
でも夜は毎日やってきます。
今夜もママが言いました。
「ケロちゃん、もう寝る時間ですよ」
ケロちゃんは、しぶしぶベッドへいきました。
ママはケロちゃんの部屋の電気を消しました。
「おやすみなさい、ケロちゃん」
「おやすみなさい、ママ」
ケロちゃんはおふとんの中で
きゅっと目をつむりました。

ところが、ケロちゃんはねむれません。
あたりは真っ暗。
「ママ、ねむれないよ」
話しかけても、ママの返事はありません。
仕方ないので、ケロちゃんは、
もう一度おふとんの中で
きゅっと目をつむりました。

「ケロちゃん」の
かわりに、
お子さんのお名前で
読んであげても
いいですね!

33

ところが、まだケロちゃんはねむれません。
あたりは真っ暗。
「ママ、ねむれないよ」
話しかけても、やっぱりママの返事はありません。
ケロちゃんは、ふと思い出しました。
「そうだ、ねむれないときは
ひつじさんを数えるといいって、
ママが言ってたっけ」
ケロちゃんは、ひつじさんを数えました。
「ひつじが１ぴき、ひつじが２ひき……」
数えながらケロちゃんは、
もう一度おふとんの中で
きゅっと目をつむりました。

ところが、ケロちゃんは今度もねむれません。
あたりは真っ暗。
「ママ、ねむれないよ」
話しかけても、
今度もママの返事はありません。
ケロちゃんは、ふと心配になりました。
「ママはどこへいっちゃったのかしら？」
ケロちゃんは、ベッドから出ると
ママを探しにいきました。

ケロちゃんの声を
子どもらしい
高い声で読んで
あげると、
高低差がでます！

34

クローゼットをあけると、ひつじさんがいました。

「あ、ひつじさん、ママがいないの。

ママを知らない？」

ひつじさんは言いました。

「メエ、メエエエエエ、

ケロちゃんのママはどこでしょう」

「ママを探しているの。

いっしょに探してくれない？」

「メエ、メエエエエエ、

ケロちゃんのママはどこでしょう」

ケロちゃんとひつじさんは、

ママを探しにいくことにしました。

机の下を見ると、ぶたさんがいました。

「あ、ぶたさん、ママがいないの。

ママを知らない？」

ぶたさんは言いました。

「ブウ、ブウウウウウ、

ケロちゃんのママはどこでしょう」

「ママを探しているの。

いっしょに探してくれない？」

「ブウ ブウウウウウ、

ケロちゃんのママはどこでしょう」

ケロちゃんとひつじさんとぶたさんは、

ママを探しにいくことにしました。

赤ちゃんは
動物の鳴き声が
大好き。
特に人気が高いのが
ひつじです！

ベッドの下を見ると、ねずみさんがいました。
「あ、ねずみさん、ママがいないの。
ママを知らない？」
ねずみさんは言いました。
「チュウチュウ、チュチュチュチュウ、
ケロちゃんのママはどこでしょう」
「ママを探しているの。
いっしょに探してくれない？」
「チュウチュウ、チュチュチュチュウ、
ケロちゃんのママはどこでしょう」
ケロちゃんとひつじさんとぶたさんとねずみさんは、
ママを探しにいくことにしました。

カーテンをあけると、ねこさんがいました。
「あ、ねこさん、ママがいないの。
ママを知らない？」
ねこさんは言いました。
「ニャーオ、ニャーーオ、
ケロちゃんのママはどこでしょう」
「ママを探しているの。
いっしょに探してくれない？」
「ニャーオ、ニャーオ、ニャーーオ、
ケロちゃんのママはどこでしょう」
ケロちゃんとひつじさんと
ぶたさんとねずみさんとねこさんは、
ママを探しにいくことにしました。

お父さん・お母さんの
腕の見せ所です！
毎回違う声を
出してあげると
赤ちゃんも喜びます

ドアをあけると、いぬさんがいました。
「あ、いぬさん、ママがいないの。
ママを知らない？」
いぬさんは言いました。
「ワンワン、ワワワワワン、
ケロちゃんのママはどこでしょう」
「ママを探しているの。
いっしょに探してくれない？」
「ワンワン、ワワワワワワン、
ケロちゃんのママはどこでしょう」
ケロちゃんとひつじさんと
ぶたさんとねずみさんと
ねこさんといぬさんは、
ママを探しにいくことにしました。

木の上にふくろうさんがいました。
「あ、ふくろうさん、ママがいないの。
ママを知らない？」
ふくろうさんは言いました。
「ホーホー、みんなでどこにいくの？
ママはおうちだよ」
「え？　ママはおうちなの？」
「ホーホー、みんなでどこにいくの？
ママはおうちだよ」
ケロちゃんとひつじさんと
ねこさんといぬさんと
ねずみさんは、おうちに帰ることにしました。

赤ちゃんの
様子を見ながら、
声の調子や
読む速さを
調整して
あげてください

木の下にうさぎさんがいました。
「あ、うさぎさん、おうちへ帰りたいの、
おうちはどっち？」

うさぎさんは言いました。
「ピョンピョンピョン、
みんなでどこにいくの？
おうちはここだよ」

「え？　おうちはここなの？」
「ピョンピョンピョン、
みんなでどこにいくの？
おうちはここだよ」

ケロちゃんとひつじさんと
ぶたさんとねずみさんと
ねこさんといぬさんは、
びっくりしました。

そろそろ折り返し
地点にきました！
少しずつ声のトーンを
落としていきましょう

うさぎさんは木の穴から、
なにかを持ってきました。

「ピョンピョンピョン、これに乗ってごらん、
おうちはここだよ」

ねずみさんが乗りました。
ガタンガタン、ゴトンゴトン。
ガタンガタン、ゴトンゴトン。

「チュウ〜。もうおうちに帰るね」
ねずみさんはおうちに帰っていきました。

「ピョンピョンピョン、これを食べてごらん、
おうちはここだよ」

ぶたさんが食べました。
パクパク、チャムチャム。
パクパク、チャムチャム。

「ブウ〜。もうおうちに帰るね」
ぶたさんもおうちに帰っていきました。

ピョンピョンピョンの
「ピ」は破裂音なので、
読み進むにつれて、
少しずつやわらかくして
いきましょう

「ピョンピョンピョン、これを食べてごらん、
おうちはここだよ」

ひつじさんが食べました。
サクサク、モグモグ。
サクサク、モグモグ。

「メエ〜。おうちに帰るね」
ひつじさんもおうちに帰っていきました。

「ピョンピョンピョン、これを嗅いでごらん、
おうちはここだよ」

いぬさんが嗅ぎました。
クンクン、フンフン。
クンクン、フンフン。

「ワ〜ン。もうおうちに帰るね」
いぬさんもおうちに帰っていきました。

サクサクや
クンクンは
小さな声で、
やさしく読んで
あげてください

「ピョンピョンピョン、これに触ってごらん、
おうちはここだよ」

ねこさんが触りました。
ツンツン、ペタペタ。
ツンツン、ペタペタ。

「ニャ～オ。おうちに帰るね」
ねこさんもおうちに帰っていきました。

「みんな帰っちゃった。
うさぎさん、どうしよう?」
ケロちゃんは心配になりました。
すると、木の下でうさぎさんは言いました。
「ピョンピョンピョン、これを見てごらん、
おうちはここだよ」

ケロちゃんは、その緑のものを見ました。
その緑のものはよく見ると、
ぐるぐるまきになっていました。

見ているうちに、
ケロちゃんはぐるぐるしてきました。
「うさぎさん、なんだかぐるぐるするよ」
「おうちはここだよ、ピョンピョンピョン」

声をだんだん低く、
抑揚を少なめに、
読む速度をどんどん
ゆっくりにして
いきましょう

41

ぐるぐるぐるぐる
ピョンピョンピョン

ぐるぐるぐるぐる
ピョンピョンピョン

ぐるぐるぐるぐる
ピョンピョンピョン

木の下でうさぎさんが言いました。
「大きなおめめのふくろうさん、
みんな寝ました、
おやすみなさい」

木の上でふくろうさんが言いました。
「赤いおめめのうさぎさん、
みんな寝たかな、
おやすみなさい」

ぐるぐるぐるぐる
ピョンピョンピョン
は少しずつ
ゆっくりに！
赤ちゃんが寝るまで
くり返してもOK

ねずみさんも寝ました

ぶたさんも寝ました

ひつじさんも寝ました

いぬさんも寝ました

ねこさんも寝ました

ケロちゃんも寝ました

うさぎさんも寝ました

ホーホーホー
みんな寝ました、おやすみなさい

ホーホーホー
みんな寝ました、おやすみなさい

最後は
止まりそうなくらい
ゆっくり読んで
みてください

おしまい

身近なものでやってみる

赤ちゃんは一度泣き止んでもまた泣き出すこともあれば、
同じ方法で毎回泣き止んでくれるとも限りません。自力で
どうにもならないときは、周りを見渡して、道具の力を借
りましょう。家の中には意外に役立つものがあるものです。

[step03]でできること

身近なもので赤ちゃんを引きつける ➡ ハッとさせる篇

もともと大人をハッとさせるために作られた**インターホン**や**アラーム**
は、赤ちゃんのこともハッとさせる効果があります。アレンジはでき
ませんが、いざというとき使える強い味方です。

身近なもので赤ちゃんを安心させる ➡ ホッとさせる篇

換気扇、水道、そうじ機、洗濯機は、部屋の中で使うと、一定の音が
出るので、暗騒音を高める効果があります。最初に赤ちゃんを引きつ
けるコツさえつかめば、すぐに実践できます。

身近なものを自由自在に使いこなす ➡

ハッとさせてホッとさせる篇

ドライヤー、レジ袋、新聞紙、エアキャップは、使い方次第で、定位
反射をうながすこともできれば、暗騒音を高める効果もあります。ど
の家にもあるものばかりなので、やり方を知っておくと便利です。

ハッとさせる篇 ❶ インターホン

point

☐ 突然押す

☐ 押すところを見せる

☐ 寝ているときは音量をしぼる

how to

赤ちゃんは初めて聞く音。押すと鳴るという仕組みも大好きです。眠っているときは鳴ると起きてしまうので、音量をしぼっておきましょう。スピーカーにタオルをかぶせるだけでも効果があります。

「ピン」「ポーン」と異なる２つの音が刺激をアップ

ハッとさせる篇 ❷ アラーム

point

☐ セットして鳴らす

☐ 鳴らしたり止めたりする

☐ 寝ているときはオフにする

how to

スマホのアラームはさまざまな音があり、赤ちゃんを飽きさせません。セットして突然鳴らしたり、鳴らしたり止めたり、いろいろ試してみましょう。眠っているときは鳴らないようにセットしてください。

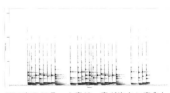

スマホのアラーム音は、音が次々に変化していく

換 気 扇

point
- ☐ スイッチオンで引きつける
- ☐ 暗騒音を高めて眠らせる
- ☐ 動いて落ち着く場所を探す

how to

スイッチオンしたときの勢いのある音で
引きつけて、単調な音で暗騒音を高めま
しょう。抱っこしたまま近づいたり離れ
たりすると、赤ちゃんの好きな聞こえ方
の場所が見つかります。

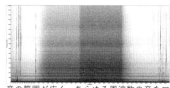

音の範囲が広く、あらゆる周波数の音をマ
スキングできる

  # 水 道

point
- ☐ 水量の調節で引きつける
- ☐ 流水音を聞かせる
- ☐ 出したり止めたりする

how to

流水音は癒しの代名詞と言われるくらい
で、本能的に落ち着く音です。出しっぱ
なしは水道代がかかるので、最初一気に
出して引きつけて、ランダムに出したり
止めたりしましょう。

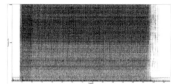

水量次第で出る音の周波数帯を変化させる
ことができる

ホッとさせる篇 ❸ そうじ機

point
- [ ] モーター音を聞かせる
- [ ] 床を変える
- [ ] 動かし方を変える

how to

赤ちゃんはモーター音自体が好き。モーター音にはマスキング効果もあります。畳か絨毯かフローリングか、床を変えたり、動かし方を変えたりすると、音が変わるので効果が期待できます。

雑音の中でモーター音がアクセントになっている

ホッとさせる篇 ❹ 洗濯機

point
- [ ] 一連の音を聞かせる
- [ ] 蓋を開けて音を立てる
- [ ] 移動して聞こえ方を変える

how to

流水音から、洗濯中のモーター音、脱水音まで洗濯機は音のフルーコース。面白いものの、毎日同じ音なので飽きられがち。蓋を開ける音を立てる、移動して音の聞こえ方を変える、などの工夫を。

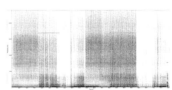

パートごとに特徴が異なり、まるで1つの楽曲のよう

ドライヤー

ドライヤーにもいろいろな種類があります が、赤ちゃんの好きな周波数を出すも のが多く、泣いている赤ちゃんにも聞い てもらいやすい音です。

point
- ☐ 吹き出し口を赤ちゃんに向けない
- ☐ 温風ではなく、冷風で行う
- ☐ 拳2つ分赤ちゃんから離す

◆ ハッとさせたいとき

単純、単調なものは飽きられてしまうの で音の要素を変えることが大事です。そ のためには、角度・距離・音の種類を変 えてあげることです。

https://youtu.be/bT_A2siU7eQ

風量や向きなどを工夫すると異なる刺激に なる

how to ①

小刻みに動かしながら移動させる

拳2つ分離したところでスイッチオン。 決して風を赤ちゃんに当てないように注 意してください。小刻みに動かすことで 音に変化が出ます。

how to ②
スイッチを切る、強弱を切り替える

拳2つ分をキープして移動させながら、たまにスイッチを切ったり、強弱を切り替えたりしながら動かします。温風を出さないようくれぐれも注意を。

how to ③
たまに目に見える位置へ

たまに目に見える位置を通ると喜んでくれます。このときも、風を赤ちゃんに当てないように注意を。拳2つ分以上離した高めの位置で行ってください。

 https://youtu.be/wAY-y4BmbnQ

◆ ホッとさせたいとき

ドライヤーの音は、お母さんのおなかで聞いていた血流音に似ていると言われています。赤ちゃんが安心するよう、一定の音を立ててあげましょう。

他の気になる音をマスキングできる

how to
安定した音を出す

拳2つ分離して、弱の冷風でスイッチオン。耳をおおって、あまり動かさないようにしましょう。20秒ぐらいでストップして赤ちゃんの様子を確認してください。

49

ハ！ ホ！ **レジ袋**

スーパーのレジ袋や市販のごみ袋です。硬めの素材で音がよく出るものが向いています。使ったあとは赤ちゃんの手の届かない場所に片付けてください。

point
- ☐ 音がよく出るものを選ぶ
- ☐ こすり合わせて音を出す
- ☐ あと片付けをきちんとする

◆ **ハッとさせたいとき**

単純、単調にならないよう、角度・距離・音の種類を変えましょう。レジ袋1枚でも、やり方次第で、赤ちゃんの好きなさまざまな音が出せます。

https://youtu.be/Fk5PLnOz_eI

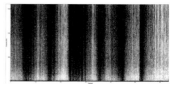

赤ちゃんの反応に合わせて違う音を出すことがコツ

<u>how to ①</u>
ランダムにこすり合わせる

レジ袋をくしゃっとたたんで、両手でこすり合わせるようにして音を出します。早くこすったり、ゆっくりこすったり、リズミカルにマラカスをふるイメージで。

how to ②

強弱をつけながらあちこち移動させる

大きくゆっくりこすったり、小さく小刻みにこすったり、変化をつけることが大事。赤ちゃんの頭の周りを移動しながら、あちこちでやってみましょう。

how to ③

たまに目に見える位置でもする

たまに目に見える位置を通ると喜んでくれます。赤ちゃんの肌は繊細なので、レジ袋が赤ちゃんの顔にふれないよう、充分注意してください。

◆ ホッとさせたいとき

レジ袋をこするシャカシャカという音は、赤ちゃんがお母さんのおなかの中で聞いていた音に似ていると言われています。赤ちゃんが安心する音です。

https://youtu.be/KaA86iQTg_o

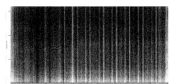

お母さんの脈拍に合わせて一定のテンポを刻むとよい

how to

一定のテンポでリズムを刻む

一定のリズムで、レジ袋をもむようにこすりましょう。お母さんの脈拍と同じテンポで始めて、少しずつゆっくりにしていくと、徐々に落ち着いてくれます。

51

新聞紙

新聞紙の紙質は破きやすくていい音が出るので、一番適当ですが、普通の紙でも大丈夫。使ったあとは、赤ちゃんの手の届かない場所に片付けてください。

point
- □ くしゃくしゃさせる
- □ ビリビリ破く
- □ あと片付けをきちんとする

◆ ハッとさせたいとき

くしゃっとたたんでこすったり、破いたり、さまざまな音を立ててみましょう。硬い紙を使うときはお父さん・お母さんが手を切らないよう注意してください。

 https://youtu.be/9n-9rDboGql

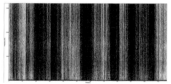

ランダムな間隔で派手な音が鳴っているのが分かる

how to ①
くしゃくしゃにたたんでこする

大きな新聞紙をくしゃくしゃっとたたんで、両手でこすり合わせます。大きくゆっくりこすったり、小刻みに小さくこすったり、リズミカルにやってみましょう。

how to ②
ビリビリと破いてみる

少しずつ小刻みに破いたり、一気に大きく破いたりしましょう。派手な音が出るので、赤ちゃんがびっくりしていないか確認しながら続けてください。

how to ③
こすったり破いたりをくり返す

赤ちゃんの表情を確認しながら、好みに合わせて、こすったり破いたり、ゆっくりやったり、速くやったり調節しながらやってみましょう。

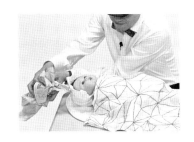

◆ ホッとさせたいとき

https://youtu.be/B5vcUEu6H4k

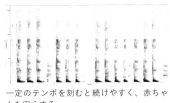
一定のテンポを刻むと続けやすく、赤ちゃんも安心する

新聞紙の音も、レジ袋と同じく、お母さんのおなかの中の音に似た音です。お母さんの脈拍にテンポを合わせると、赤ちゃんが安心します。

how to
のばす・くっつける、をくり返す

あまり移動せず、大きな音を立てず、のばす・くっつける、をくり返すイメージです。徐々にテンポを落としていくことで赤ちゃんも落ち着いてきます。

エアキャップ

通称プチプチと言われる緩衝材です。プ
チプは空気の入った部分を押してプチッ
と音をさせる使い方と、レジ袋や新聞紙
のようにこする使い方とあります。

point
- ☐ ハッとさせたいときはプチッ
- ☐ ホッとさせたいときはこする
- ☐ 拳2つ分赤ちゃんから離す

◆ ハッとさせたいとき

プチプチの音はふだんなかなか耳にしな
い珍しい音なので、赤ちゃんは大好きで
す。片手でつぶすより、両手を使ってつ
ぶすと、よりいい音がします。

 https://youtu.be/Ko2dFzSYQFo

つぶれたときの衝撃音（色が濃い部分）は
刺激が強め

how to ①
赤ちゃんの耳から拳2つ分離す

拳2つ分離した位置をキープしましょ
う。片手でつぶしたり両手でつぶした
り、音に変化をつけると赤ちゃんが喜ん
でくれます。

how to ②

頭の周りを移動させながらプチプチする

赤ちゃんの頭の周りを移動しながらプチプチしましょう。いろいろな方向から音が聞こえると、赤ちゃんは「何だろう？」と興味を持ってくれます。

how to ③

高さを変える、連発するなど工夫する

高い位置でやったり低い位置でやったり、連続して速くやったりゆっくりやったり、ランダムにくり返しましょう。赤ちゃんの様子を見ながらプチプチしてください。

◆ ホッとさせたいとき

https://youtu.be/ne54AY-Rq34

もむようにして、一定のテンポを保ってこすり合わせましょう。レジ袋や新聞紙と同じで、お母さんのおなかの中の音に似た音です。

プチプチをつぶしたとき（P54）とは音色がまったく異なる。全体に色が広がっている

how to

一定のテンポで、のばしてくっつける

お母さんの脈拍に合わせて、一定のテンポで、のばしてくっつける、をくり返してください。徐々にテンポを落とすと、赤ちゃんも落ちついてきます。

赤ちゃん研究
20年の軌跡①

日本音響研究所は声紋分析を中心とした音声解析をすることで、警察の犯罪捜査に協力してきました。それがなぜ、赤ちゃんを研究することになったのか、経緯をお話ししたいと思います。

きっかけは『探偵！ナイトスクープ』（テレビ朝日系列）からきたCM音楽の分析でした。2001年のことでしたが、「タケモトピアノのCMを見ると赤ちゃんが泣き止むという噂があるが本当なのか検証してほしい」というものでした。犯罪捜査を中心にやってきた研究所にとっては、毛色の異なる仕事でしたが、言葉を話さない赤ちゃんはある意味神秘で、非常に興味深い研究でした。結果はpart 2で詳しく紹介しますが、これを機に、赤ちゃん研究のデータが集まり始め、データを要素として組み立てることで、赤ちゃんが泣き止む音楽を作れるようになったのです。2000年代始めは携帯の着メロダウンロードが流行した時代で、i-mode（NTTドコモ）のコンテンツとして開発した‘赤ちゃんが泣き止む着メロ’は、子育て中のお母さんたちの間で話題となり、多くの方に利用していただきました。

（P70へ続く）

赤ちゃんの
好きな音
【ハッとする篇】

赤ちゃんが泣き止むと、話題になった曲はいろいろ
ありますが、どれも分析するときちんと理由があります。
ここでは、赤ちゃんをハッとさせる曲を分析します。
分析結果には、赤ちゃんとの接し方のヒントがあります！

タケモトピアノ

2000年より放映が開始されたタケモトピアノのCMソング。テレビでこのCMが流れると赤ちゃんが泣き止むと、放映開始直後から話題に。いまだ、子育て中のお母さんたちに絶大な人気を誇るCMソングです。

◆ 曲について

大阪に本社を置く、ピアノ中古買取・販売会社タケモトピアノのCMソングとして、作曲されたオリジナル曲。
放映開始から2023年まで、23年間このCMが放映され、「赤ちゃんが泣き止むCM」として、テレビ番組でも紹介されました。

写真提供：タケモトピアノ株式会社

◆ 日本音響研究所との関わり

2001年の秋に、テレビ局からの依頼で、なぜ赤ちゃんが泣き止むのか、音の分析をしました。
当研究所にとって、赤ちゃんについての鑑定はこれが初めてで、分析する我々にとってもなぜ赤ちゃんが泣き止むのか、不思議でした。分析の結果、はっきりと理由があるという結論に至りました。
これがきっかけで以後20年以上にわたって、赤ちゃん研究を続けることになった思い出深い曲です。

◆ 分析結果

スペクトログラフを見たときの印象
は、とてもにぎやか。いろいろな要素
が入っていることがひと目で分かりま
す。当時、CMソングの分析依頼は多
く、さまざまな曲を分析しましたが、
こういうCMソングには初めて出会っ
た、という印象でした。

15秒の間にめまぐるしく音が変化している

曲の構成が複雑で、どんどん変わっていきます。同時に音の高さも、
どんどん変わっていきます。出演されている財津一郎さんの歌声も、
女性コーラスの歌声も、高い音程から低い音程に一気に移動してい
て、それを何度もくり返しています。

また、財津一郎さんの声、女性コーラスの声、ピアノの音と、音色が
くるくる変わり、加えて、猫の鳴き声が入っていて、飽きさせませ
ん。赤ちゃんは動物の鳴き声が好きですが、動物の鳴き声は、自分の
存在をアピールするための声なので、刺激の強い鳴き方をしており、
特に猫の鳴き声は、赤ちゃんが聞きやすい周波数帯のため、大音量で
泣いている赤ちゃんにも届きやすい音です。

まとめ

☐ 曲の構成がどんどん変わる
☐ 高低差のあるメロディ
☐ 猫の鳴き声

シングル・レディース (プット・ア・リング・オン・イット)

・・・・・・・・・・・・・・・・・・・・・・・・・・・・・・・・・

ビヨンセのヒット曲。2008年のリリース以来、話題のテレビドラマなどあちこちで再生され、有名人がテレビ番組の中で「この曲を聞くとうちの赤ちゃんが泣き止む」と発言したことがきっかけで、お母さんたちの間で噂に。

◆ 曲について

日本でも人気があるアメリカのR&B歌手ビヨンセの曲で、プロモーションビデオでは、ビヨンセが曲に合わせてダンスを披露しており、ダンスミュージックとしても人気。とにかくノリがいい曲なので、赤ちゃんだけでなく大人も思わずリズムに合わせて体を動かしたくなる曲です。2008年から2009年にかけて、ビルボード総合シングルチャートで全米ナンバー1を記録しています。

◆ 日本音響研究所との関わり

さまざまなアーティストの曲について、分析の依頼をいただきますが、この曲もまた、子育て中のお母さんたちの間で、赤ちゃんが泣き止むことが話題となり、テレビ局から理由を分析してほしいとの依頼をいただきました。
歌詞の内容は独身女性の恋愛の歌で、赤ちゃんとはなかなか結びつかないものですが、音を分析すると、なるほど、赤ちゃんの好きな要素がたくさん入った曲でした。

◆ 分析結果

イントロで、ところどころ「ピュルルル」という変わった音が入っています。大人はどうしてもメロディに注目するので、気づかずにスルーしてしまう音ですが、赤ちゃんにとっては、耳に入りやすい音です。こういった刺激

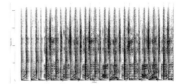

テンポを刻む幅が狭く、「ピュルルル」という音がはっきり出ている

的な要素がイントロにある曲は、赤ちゃんに好かれます。

ボーカルのビヨンセが、当時、年齢的にお母さん世代で、ふだん聞いているお母さんの声に声質が似ていることも赤ちゃんが注目しやすい理由でしょう。

一方で、ふだん聞いているお母さんの言葉とは異なる、英語が聞こえてきます。英語の発音には、日本語の発音にはない音声が含まれるため、赤ちゃんは「何だろう？」と、ハッとします。

曲のテンポが193BPM（※）と速く、このテンポの速さは、大人よりテンポが速い赤ちゃんのテンポにぴったりです。リズムがはっきりしていて、音程の上がり下がりも激しく、赤ちゃんにとっては、刺激的な要素がたくさん入っています。

まとめ

- ☐ お母さんと同じ世代の女性の声
- ☐ 珍しい英語の発音
- ☐ テンポが速い

（※）BPMとはbeat per minuteで、1分間に打つ拍数を表したもの

ふかふかかふかのうた

2012年に、ロッテのソフトキャンディ「Cafca」（※）の
プロモーションの一環で作成されました。「子どものぐず
り泣き」に悩む方に向けて、科学的根拠に基づいて開発さ
れたウェブ動画です。日本音響研究所が音楽監修。

◆ 曲について

動画には、安らぎ感・ふかふか食感を体
現した不思議キャラ「カフカくん」が登
場。公開直後から、話題になり、動画公
開後わずか41日で再生回数100万回を突
破しました。
公開から12年経った現在も世界中で楽し
まれています。

写真提供：株式会社ロッテ

◆ 日本音響研究所との関わり

ちょうどウェブ動画が一般的になり始めた時代で、ロッテさんから、
赤ちゃんの泣き止む曲を作れないか？　というご相談があり、当研究
所の監修で作った曲です。
それまでに、タケモトピアノに始まって、さまざまな赤ちゃんが泣き
止む曲を分析してきたので、それらのノウハウを生かして作りまし
た。私だけでなく、マーケティングの方、クレイアニメの方、作曲家
さんなど各方面の専門家が結集して作った曲です。

（※）現在は販売終了

◆ 分析結果

当研究所で監修したものなので、分析というより、どんなつくりになっているかを説明します。関わるスタッフの方々もみなさん赤ちゃんについて経験則をお持ちでしたので、赤ちゃんが反応しやすい要素をできる限り持ちよっ

赤ちゃんの好きな周波数帯に音を集めるなど、ノウハウを凝縮させた構成

て、曲ができあがりました。具体的には、次のようなことです。

・構成をどんどん変えること
・メロディに高低差をつけること
・お母さん世代の女性のコーラスを入れること
・聞きなれない楽器の音を入れること
・動物の鳴き声を入れること

こうして、できあがった曲を当研究所で周波数分析をして、さらに赤ちゃんの好きな音域になるよう修正を加えました。研究所で作った効果音を加えたり、逆に刺激が続きすぎも赤ちゃんは飽きてしまうので、「何だろう」を持続してもらうため、あえて音がない箇所を作ったりしています。

まとめ

☐ 赤ちゃんが聞きやすい周波数の音
☐ 珍しい音でできた効果音
☐ にぎやかな中の急な静けさ

恋

2016年にリリースされた星野源のヒット曲。テレビドラマの主題歌として放映され、ドラマのヒットと同時に曲も高い評価を受け、人気に。赤ちゃんが速攻泣き止むとSNSを中心に、子育て中のお母さんたちの間で話題に。

◆ 曲について

シンガーソングライターとして活躍する星野源の楽曲で、自身も出演した2016年のテレビドラマ『逃げるは恥だが役に立つ』（TBS系列）の主題歌です。

プロモーションビデオでは星野源自身が、黄色いドレスを着たバックダンサーとともにダンスを披露しており、このダンスは、「恋ダンス」と呼ばれ、動画サイトなどで人気が沸騰し、社会現象にまでなりました。

◆ 日本音響研究所との関わり

SNS上でこの曲のプロモーションビデオを見ると赤ちゃんが泣き止むと噂になっていました。やはりテレビ局からの依頼で、噂は本当か分析してほしいと依頼がありました。

スマホが普及し、お母さんたちの間で、SNSでの情報交換が盛んに行われるようになり始めたころでした。それまで音の要素が赤ちゃんの泣き止む理由だったのが、スマホの普及により、音だけでなく、視覚の要素も加わったことを実感した曲でした。

◆ 分析結果

イントロのくり返すメロディに2回目から胡弓の音がかぶっています。<u>赤ちゃんはくり返しが好きですが、同じくり返しより、ちょっと違うくり返しはもっと好きです。</u>同じメロディなのに、1回目と2回目が少しだけ異なる

赤ちゃんの聞きやすい周波数帯にはメロディ以外の音が流れている

仕組みになっていることが、赤ちゃんをハッとさせます。

しかも、珍しい胡弓の音なので、赤ちゃんは「何だろう？」と注目してくれます。ただ、スペクトログラフではほとんど胡弓の音は目立ちませんでした。でも、スペクトログラフで分かることは、我々大人が聞きやすい周波数にあるのはメロディで、<u>赤ちゃんが聞きやすい周波数には別の音が流れている</u>ということです。

「恋ダンス」として有名になったプロモーションビデオですが、バックビートに合わせて赤ちゃんが手足を動かしているという話をよく聞きました。<u>赤ちゃんは心臓の鼓動と同じバックビートが好きです。</u>女性ダンサーのドレスの色、黄色は目がよく見えない赤ちゃんでも見えやすい色です。赤ちゃんは、鮮やかなはっきりした色が好きです。

まとめ

☐ ちょっとだけ違うくり返し
☐ メロディとは別に流れる珍しい音
☐ 心臓の鼓動と同じバックビート

涙くん、今日もおはようっ

・・・

「あのちゃん」の愛称で親しまれるミュージシャンanoの
2023年にリリースされた曲。プロモーションビデオを見た
赤ちゃんが泣き止むと、子育て中のお母さんたちの間で噂
になり、あのちゃん人気の相乗効果で話題に。

◆ 曲について

モデルやタレントとしても活躍するミュージシャン、anoのメジャーデュー後、6作目のシングル曲。2023年リリースのファーストアルバム『猫猫吐吐』に収録され、アルバムの発売に先駆けて行われた単独配信の際に、赤ちゃんが泣き止むと話題になりました。

トイズファクトリーよりデジタル配信

◆ 日本音響研究所との関わり

「赤ちゃんが泣き止むという噂があるので検証してほしい」とレコード会社から依頼があり、検証しました。

依頼された際に伺った情報が、赤ちゃんの泣き止む確率100％といういものでした。確かに、検証のために資料として提供いただいた動画を見ると、ぐずり泣きしている赤ちゃんが、この曲のプロモーションビデオがかかったとたんに泣き止む、という様子がいくつもの家庭で撮影されていました。

◆ 分析結果

スペクトログラフを見ると、全体的に色が濃く、にぎやかな曲であることが一目で分かり、それだけでも赤ちゃんが好む曲だと推測できます。中でも、特に色が濃くなっている部分を見ると、音が7300ヘルツのあたりに集中していることが分かります。

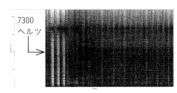

奇跡的に、赤ちゃんが聞きやすい7300ヘルツに特徴ある

大人が聞きやすい音域は1000〜5000ヘルツ、赤ちゃんが一番聞きやすい音域は5000〜8000ヘルツですので、7300ヘルツは、大人には聞こえにくく、赤ちゃんの聞きやすい領域。まさにそこに音が流れているということが分かります。

さらに音色のバリエーションが豊富で、どんどん変わっていくので、赤ちゃんを飽きさせません。

さらに、あのちゃんの声にも特徴があり、「あ」というときの音が「あ」と「お」の中間の音になっていて、「あー」とのばす音も「あ↗↘」と高低差のあるのばし方をするので、赤ちゃんにとっては、「何だろう？」を連続させる声になっています。

まとめ

☐ 赤ちゃんが聞きやすい音域に音が集中
☐ 音色のバリエーションが豊富
☐ 珍しい音や高低差のある音

アンパンマンのマーチ

テレビアニメ『それいけ！　アンパンマン』のテーマソング。1988年のリリース以来、アニメとともに放映され、誰もが口ずさめる国民的人気曲に。赤ちゃんに限らず、小さな子どもから大人まで、みんなが笑顔になってしまう曲。

◆　曲について

『それいけ！　アンパンマン』の作者やなせたかし氏による作詞、三木たかし氏による作曲。テレビアニメから映画、ミュージカルまで、アンパンマン関連の作品では必ず流れるテーマ曲。2003年に開始された携帯着信音の配信では、日本レコード協会がミリオンセラーを認定。

ドリーミングほか「それいけ！ アンパンマン
ベストヒット'24」CD発売中
株式会社バップ　VPCG-83561

◆　日本音響研究所との関わり

誰もが知っている人気曲ですが、これまで分析の依頼を受けたことはありませんでした。
私自身子育て時代に子どもたちとともに聞いたことはありましたが、今回この本のために初めてきちんと聞いて、分析をしました。
結果、やはり赤ちゃんが好きになる要素にあふれた曲でした。イントロからインパクトが強く、びっくりするほどすごい！　さすがアンパンマン！　と感心しました。

◆ 分析結果

スペクトログラフを2つ用意しました。上がイントロ部分で、下がサビ部分です。

まずイントロの入り方がとても特徴的です。音には右チャンネルと左チャンネルとありますが、イントロの「シャンシャンシャン」という音は、1つ1つ右チャンネルと左チャンネルにふり分けて録音されています。どんな効果があるのかシンプルに言うと、同じ音でも聞こえ方がまったく異なるので、赤ちゃんを引きつける効果は抜群です。

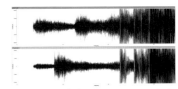

左チャンネル（上）と、右チャンネル（下）の波形（※）。大きくなる場所が異なる

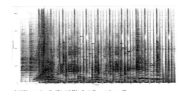

刺激のある音が散らばっている

メロディのバックには実にたくさんの音が鳴っている上に、のばす音は高い音が多いため、赤ちゃんの好きな音がよく聞こえます。さらに、赤ちゃんにとってはテンポがゆっくりのため、イントロでハッとさせたあと、少しずつホッとさせる要素もあります。

> **まとめ**
>
> ☐ ふり分け録音で音が特徴的
> ☐ 高音でのばす
> ☐ イントロで引きつけサビで安心させる

（※）音声分析図面の1つ。スペクトログラフと基本的な見方は同じだが、スペクトログラフの縦軸が音の高さを表す一方で、波形の縦軸は音の大きさを表す

赤ちゃん研究
20年の軌跡②

・・・・・・・・・・・・・・・・・・・・・・・・・・・・・・・

'赤ちゃんが泣き止む着メロ'は、ちょうど私の長女が誕生したころで、だいぶ実験台になってもらいました。そして、長男が誕生したのが、『赤ちゃんけろっとスイッチ』（タカラトミー）を開発していたときのこと。こちらもだいぶ実験台になってもらいました。2007年に発売された「赤ちゃんけろっとスイッチ」はちょうどネット販売が一般化した流れに乗って「本当に赤ちゃんが泣き止む」と口コミで広がり、現在に至るまで累計100万台以上販売されています。こうして研究を重ねるごとに新たなデータが蓄積され、2012年の『ふかふかかふかのうた』（ロッテ）へとつながっていきました。0〜3歳児を対象にした調査では、96.2％の子どもが泣き止むという結果となり、世界中の方に聴いていただける唄になりました。この本は、これらで培ったメソッドをもとに執筆しています。

赤ちゃん研究ももちろん継続していますが、最近では振り込め詐欺の音声分析、交通事故のドライブレコーダーの調査、アーティストの楽曲制作のお手伝い、集合住宅の騒音分析など、さまざまな案件をご依頼いただいています。

part

3

赤ちゃんの
好きな音
【ホッとする篇】

ここでは、赤ちゃんをホッとさせる曲を分析します。
【ハッとする篇】とはスペクトログラフの分布も異なります。
ぐずり泣きしている赤ちゃんを安心させる曲は
どんな曲か見ていきましょう。

カノン

「『カノン』が嫌いな人はいない」と言われるくらい、誰の心も落ち着かせる曲。赤ちゃんも例外ではなく、「この曲をかけておけば寝てくれる」というお母さんの声もよく聞きます。その理由を探ってみましょう。

◆ 曲について

ヨハン・パッヘルベルによる曲で、作曲は17世紀とも18世紀とも言われていますが、詳細は分かっていません。

ゆるやかな曲構成は「カノン進行」と呼ばれ、耳なじみいいことから、ヒット曲に多く使用されており、Jポップでも、ユーミンからスピッツまで多くのアーティストが楽曲に使用しています。

◆ 日本音響研究所との関わり

赤ちゃんをホッとさせる方向で仕事の依頼をいただいたときに、真っ先に思い浮かべたのが『カノン』でした。

タカラトミーさんから発売されている「天井いっぱい　おやすみホームシアター」には、カノンの曲をメインに、ディズニーソングや世界の子守歌の他、お母さんのおなかで聞いた胎内音など、赤ちゃんが安心する音を盛り込んでいます。

「天井いっぱい！ おやすみホームシアターぐっすりメロディ＆ライト ディズニーキャラクターズ」Disney ©Disney/Pixar　発売中　株式会社タカラトミー

◆ 分析結果

「カノン進行」と言われてもピンとこない方も多いことと思います。何の進行かと言えば、コード進行のことです。まず、コードとは、高さの異なる音が３音以上重なった、いわゆる和音と呼ばれるものですが、このコードの

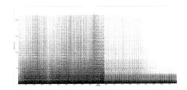

時間の経過と共に刺激が減っていく曲構成

流れを表す言葉が「コード進行」です。なぜこれが大事かと言えば、これが曲の雰囲気の決め手となるからです。

スペクトログラフを見ても分かる通り、カノンはとてもゆるやかな曲です。音階の流れもなめらかで、耳なじみがよいことから、「カノン進行」はヒット曲には欠かせないコード進行とも言われています。そんなわけで、赤ちゃんはもちろん、お父さん・お母さんにとっても、安心できる曲になっています。

コード進行もさることながら、少しずつ変化しながらメロディをくり返している曲構成は、赤ちゃんが好きな構成ですし、最初は派手だった音が、後ろにいくにしたがってだんだん単純になっていき、１つの音が長くなっていくので、寝かしつけにぴったりです。

まとめ

- ☐ 安心する「カノン進行」
- ☐ 変化しながらくり返す
- ☐ 後ろにいくにつれて単純になっていく

POISON ～言いたい事も言えないこんな世の中は～

1998年にリリースされた反町隆史の曲。「赤ちゃんが泣き止む」という噂が広がり始めたのは、発売から10年以上経った2010年以降のこと。時間をかけて次第に広がり、いまや赤ちゃんが泣き止む曲の代表選手です。

◆ 曲について

1998年に、反町隆史の4作目のシングルとしてリリース。自身が主演したドラマ『GTO』（フジテレビ系列）の主題歌となり、ドラマのヒットとともに曲もヒット。当時ドラマを見ていた世代が子育て世代になるにつれ、「この曲を聞くとうちの子が泣き止む」という情報がインターネットを通じて拡散しました。

◆ 日本音響研究所との関わり

「POISONを聞くと赤ちゃんが泣き止む」という話は子育て中のお母さんたちの間では、もはや定説になっている節もあり、私も耳にしたことがありました。
発売から20年経った2021年に、反町隆史さんの所属事務所である研音さんから、

研音公式YouTube　Ken Net Channelより

この曲で赤ちゃんが泣き止む理由を検証してほしいとの依頼がありました。分析結果は、研音さんの公式YouTube「Ken Net Channel」で配信されました。

◆ 分析結果

私の考える<u>理想的な子守歌は、最初に</u>
<u>ハッとさせる要素があって、続きにホ</u>
<u>ッとさせる要素がある曲</u>です。
POISONはまさにそんな曲です。
イントロのスペクトログラフ（上）に
V字型の線が見えます。実際の音は「ピ
ロピロピロ」という感じの音ですが、
赤ちゃんの聞きやすい周波数帯にこの
音が分布しています。<u>V字型に下がっ</u>
<u>て上がってをくり返しているのも、高</u>
<u>低差が好きな赤ちゃんにとっては理想的</u>です。

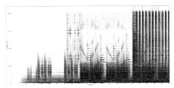
中央部にV字がくっきりと見える

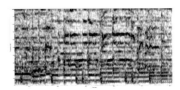
『G線上のアリア』（P77）のスペクトログラフに似ている

一方、サビのスペクトログラフ（下）では、音の振動が一定になり、
『G線上のアリア』（P77）と似た形になります。フラットな音程で高
い音をキープしつつ、低温で響く反町さんの声には安心要素もありま
す。色も濃く、複雑な紋様になっていて、<u>暗騒音のレベルがかなりあ</u>
<u>がっている</u>のが分かります。

まとめ

☐ ハッとさせてホッとさせる曲構成
☐ 高い周波数帯でV字を描く高低差
☐ 暗騒音のレベルが高い

G線上のアリア

『カノン』と並んで、子育て中のお母さんに人気がある定番クラシック。映画やドラマなどに登場する機会も多いため、一度は耳にしたことがある人も多いはず。温かみが感じられる旋律は、安心を誘います。

◆ 曲について

J.S.バッハが作曲した管弦楽組曲第3番ニ長調 BWV1068第二楽章の「アリア」を、バッハの死後100年経ってから、バイオリニストのウィルヘルミが編曲したもの。G線とは、バイオリンの4本の弦のうち、一番低い音の出る弦、G線だけで演奏できることに由来します。

「G線上のアリア〜15ヴァリエーションズ」
CD発売中　マイスター・ミュージック
MMKK-7037

◆ 日本音響研究所との関わり

2002年に日韓共催で行われたサッカー・ワールドカップの際、新潟でカメルーン対アイルランド戦がありました。アイルランドはフーリガンが多く、開催地の方々も心配されているとのことで、何か音で対策ができないかとNHK新潟放送局から相談がありました。そこで、『G線上のアリア』を流しては？　とお伝えしました。試合は1ー1の引き分けでしたが、終了後はパイプオルガンの荘厳な音が流れ、何事もなく平和に終えることができました。

◆ 分析結果

クラシック音楽の中で最も人気の高い
曲と言っても言いすぎではないでしょ
う。スペクトログラフを見ると、<u>一音
一音が長く、一定の音程で全体的に変
化が少ない</u>ことが見てとれます。こう

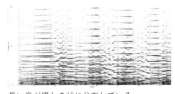

長い音が横しま状に分布している

いった曲構成は、『アメージング・グレース』など、讃美歌にも多い
構成です。

讃美歌を聞くと、なぜか心が落ち着きますが、理由はいろいろありま
す。メロディがシンプルで曲調がとにかくゆっくり。その中に、スペ
クトログラフで見ても分かるように、一音一音に強弱があり、小さな
ゆらぎがあります。これによって、心の奥へ奥へと音楽が流れ込んで
きて、癒してくれる感じがします。赤ちゃんだけでなく、老若男女問
わず、心を落ち着かせてくれる曲です。

大人が聞きやすい周波数帯に、音がたくさんありますが、赤ちゃんが
聞きやすい周波数帯にも、きちんと音があり、一音一音が長く、きち
んとゆらぎがあります。この<u>ゆらぎが心地よさをもたらしてくれる</u>の
で、赤ちゃんも安心して眠りにつけます。

まとめ

- ☐ 一音一音が長い
- ☐ 一定の音程で変化が少ない
- ☐ ゆらぎがある

マリゴールド

・・・・・・・・・・・・・・・・・・・・・・・・・・

シンガーソングライターあいみょんの代表曲。2020年ごろからこの曲を聞くと赤ちゃんがよく寝てくれると、噂が広がり始め、子育て世代のお父さん・お母さんにとっては、寝かしつけの定番曲になっています。

◆ 曲について

あいみょんの６作目のシングル曲。2018年のリリース以来、ストリーミング数が急増し、発売１年で１億回を突破。その年の『NHK紅白歌合戦』で披露され、国民的人気曲になりました。公式YouTubeの再生回数は３億回を超え、とどまることのない人気が伺えます。多くの世代に受け入れられると同時に子育て世代にも人気がでて、赤ちゃんが寝てくれると、噂が広がりました。

◆ 日本音響研究所との関わり

カラオケ人気ランキングでも１位を獲得した人気の曲ですが、これまで分析の依頼を受けたことはなく、今回この本のために初めて分析をしました。
決して静かな曲ではないので、これで泣いている赤ちゃんが泣き止んで眠ってしまう、というのは不思議に思われる方もいらっしゃることでしょう。でも。分析してみると、赤ちゃんが落ち着いて眠くなる要素がきちんとありました。

◆ 分析結果

今回のスペクトログラフは、これまでと比べて、時間軸を長くとっています。つまり「イントロ」とか「サビ」といった一部分をとりあげるわけではなく、曲の流れを見ていただいている形です。こうしてみると、曲全体の構成が手にとるように分かります。

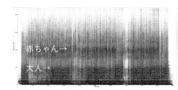

全体を通して気になる他の音をマスキングできる構成

全体を見ると、一定の構成をくり返していることが分かります。赤ちゃんはこのくり返しが好きです。くり返すことで、曲の構成が全体的に安定していることも分かるかと思います。

また、大人が聞きやすい周波数帯にも音が集中していますが、赤ちゃんが聞きやすい、6000〜8000ヘルツ前後の周波数帯にも音が集中しているのが見てとれます。

どこか懐かしさを感じる曲調ですが、実はヒット曲の黄金律と言われる「カノン進行」が使用されています。そして、曲のリズムが全体にわたって終始バックビート。バックビートは心臓の鼓動と同じなので、聞いていて安心感があります。

まとめ

☐ くり返しが多い安定した曲構成

☐ どこか懐かしい「カノン進行」

☐ 心音と同じバックビート

歌えば歌うほど
音痴は治る

・・・・・・・・・・・・・・・・・・・・・・・・・・・・・・・・・・・・・

「自分は音痴だ」と悩む方は多いですが、私は仕事で訓練されて音感が育ちました。音痴は訓練すれば治ります。

歌を歌うという作業はとても緻密な作業です。自分の出す音が合っているのか判断して、瞬時に声帯のはりを調整するわけです。これができるかどうかが音痴かどうかの分かれ目です。ですから、この練習をすれば音痴は治ります。

美空ひばりさんが歌が上手なのは、これを一瞬で完璧にできるからです。『川の流れのように』のサビは一気に一オクターブとびますが、誰でも歌おうとすると、周波数を一気に合わせられず、高くなったり低くなったりをくり返して、最後に合わせます。ところが、美空ひばりさんは、1ミリのずれもなく、すっとぴったりの周波数に入ります。

これまで多くの歌手の方の歌声を分析してきましたが、ここまでの方には出会ったことがありません。才能はもちろん、並々ならぬ努力をされた方なのだろうと思います。

先日テレビ番組で、日本人の歴代歌手で歌のうまい人は誰かという企画をやっていましたが、いまだに1位は美空ひばりさん。やはりそうなのだな、と思いました。

赤ちゃんの
常識・非常識

言葉をしゃべらない赤ちゃんは、ある意味神秘の存在。
ちまたには「赤ちゃんを泣き止ませるにはこうするといい」
という噂がいろいろあります。それらを検証してみました。
クイズ形式にしましたので、挑戦してみてください。

赤ちゃんを知るための
6つのクイズ

◆ これまでの総まとめクイズに挑戦しましょう！

泣いている赤ちゃんとコミュニケーションするためのコツをいろいろ
見てきました。「定位反射」「暗騒音」など、ちょっと難しい言葉が出
てきましたが、ここまで読み進めてきたみなさんは、もう大丈夫です
よね!?
すでに、赤ちゃんと上手につきあうポイントをおさえられたことと思
いますが、最後に、実生活で役に立つちょっとした豆知識を追加した
いと思います。例えば……
毎日コロコロ変わるお天気。敏感な赤ちゃんはお天気によって泣き方
が変わるのでしょうか。
そもそも泣き止ませたいのは大人の事情もあってのこと。「赤ちゃん
は泣くのが仕事」というけれど、泣きっぱなしはよくないの？
……など、お父さん・お母さんの役に立つ、音に関わる情報をクイズ
形式でお届けします。質問に、嘘か本当かでお答えください。
これまで得た情報をフル活用して、全問正解をめざしましょう！

Q1

赤ちゃんは
雨の日ほど
よく泣く

・・・・・・・・・・・

というのは、
本当でしょうか、嘘でしょうか？

答えは次のページ➡

<h1 style="text-align:center">答えは</h1>

◆ 雨音で暗騒音のレベルがアップする

暗騒音は、一定の音のほうが、赤ちゃんには効果があります。<u>雨音はずっと同じ強さで一定期間続きますから、理想的です。</u>暗騒音のレベルが上がると他のちょっとした音も気にならなくなるので、赤ちゃんのぐずり泣きは減ります。

静かな雨音：全体に音がバランスよく散らばっており、他の気になる音をマスキングしてくれることが分かる

◆ 雪のとき、雷が鳴っているときの赤ちゃん

雪の日は周りの音を雪が吸収して遮断<ruby>遮断<rt>しゃだん</rt></ruby>してしまうので、静かすぎて赤ちゃんが不安になって泣いてしまうことがあります。雷は遠くでゴロゴロ鳴っている分にはよくても、近くで鳴ると危険を感じさせる衝撃音になるので、大泣きします。

近くの雷：瞬間的にとんでもない衝撃音（色が濃い部分）が走っていることが見てとれる

Q2

赤ちゃんは 静かじゃないと 眠れない

・・・・・・・・・・・

というのは、
本当でしょうか、嘘でしょうか？

答えは次のページ➡

答えは

嘘

◆ そもそもお母さんのおなかの中は意外にうるさい

お母さんのおなかの中はいろいろな音がしています。心臓の音、血流
の音、羊水の音……実際にどれくらいの音なのかは、赤ちゃんでなけ
れば分かりませんが、音は距離の二乗に比例して大きく聞こえること
は分かっています。1メートル離れて聞く音は、10cmの位置で聞け
ば100倍になるということ。ですから、そもそもお母さんのおなかの
中は、意外にうるさい場所なのです。

◆ お母さんの添い寝が安心する理由

赤ちゃんは、お母さんのおなかの中で、何か常に音がしている状態に
慣れていますから、静かだとかえって落ち着かないものなのです。寝
ているときも、静かすぎるとささいな音で起きてしまいます。ラジオ
をつける、窓を開ける、など暗騒音をあげてあげると、ささいな音で
起きなくなります。お母さんが添い寝してあげると、赤ちゃんが安心
するのは、お母さんの呼吸や心臓の音が暗騒音になるからです。

Q3

赤ちゃんは
ドライブが好き

・・・・・・・・・・・

というのは、
本当でしょうか、嘘でしょうか？

答えは次のページ ➡

答えは

本当

◆ どうしても泣き止んでもらえないときの最終手段はドライブ

子育て時代、泣き止んでもらえないときの最終手段はドライブでした。理想の子守歌は、「最初にハッとさせて、徐々にホッとさせる」曲構成ですが、ドライブにはこの効果があります。エンジンをかけるときの音は赤ちゃんは大好きです。

エンジンをかけるときの音：刺激的な音（色の濃い部分）がたくさん

◆ 暗騒音のレベルをあげて、一定の振動が眠りに誘う

走っているときのエンジン音は暗騒音をあげて余計な音を聞こえなくしてくれます。一定の振動が継続的に感じられるので、安心感もあります。徐々にゆっくりにしていくことができれば、赤ちゃんも眠りにつきやすくなります。

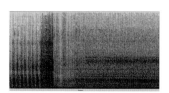

走行中：低く安定した音が続くので、赤ちゃんも落ち着くことができる

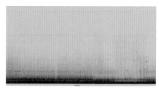

Q4

赤ちゃんは
オルゴールが好き

‥‥‥‥‥‥

というのは、
本当でしょうか、嘘でしょうか？

答えは次のページ ➡

答えは

本当

◆ 赤ちゃんをハッとさせる珍しい金属音

オルゴールの音は、金属をはじく音なの
で、本当に高い周波数まで音が出ます。
日常生活はおろか、他の楽器でもなかな
か出せない音なので、それだけでも、「何
だろう？」と赤ちゃんをハッとさせる要
素があります。

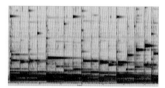

スイスのリュージュ社のオルゴールの
音：はじく瞬間は衝撃音だが尾を引く余
韻が美しい

◆ 音のゆらぎが心地よさを感じさせる

上に示したスペクトログラフは、スイスのリュージュ社のオルゴール
の音を分析したものです。オルゴールには円形の金属が回るディスク
型と、筒状の金属が回るシリンダー型とありますが、これはより繊細
な音が出るシリンダー型です。低い周波数帯では、ゆったりゆらい
で、高い周波数帯では細かくゆらぐという異なるゆらぎになってお
り、これは赤ちゃんだけでなく誰でも心地よさを感じる音です。

Q5

赤ちゃんは
レゲエが好き

・・・・・・・・・・・

というのは、
本当でしょうか、嘘でしょうか？

答えは次のページ➡

答えは

本当

- -

◆ 赤ちゃんは裏拍が好き

part 2（P65）で、赤ちゃんはバックビートが好きという話をしましたが、赤ちゃんは裏拍も好きです。ちなみに、バックビートと裏拍は混同されがちですが、４分の４拍子の場合の２つの違いは次の通り。

・バックビート：イチ　ニイ　サン　シイ　※2と4が強い
・裏拍　　　　：イチ　ニイ　サン　シイ　※どの拍も後ろが強い
レゲエは裏拍なので赤ちゃんが好きなリズムです。

◆ ラテン打楽器の音は赤ちゃんの気分をあげる

赤ちゃんが裏拍を好きなのは、珍しいリズムだからです。いつも聞いているものと違うぞ、と認識できると、ハッとします。レゲエによく登場するスティールパンを始め、ラテン音楽は高い周波数まで出る打楽器をよく使います。加えてコンガやボンゴなどポコポコする音、ウッドブロックのような木の音、ティンバレスのような金属音もあります。こういう音で赤ちゃんは楽しくなってしまう傾向があります。

- -

Q6

赤ちゃんは 大きな声で怒鳴ると 泣き止む

・・・・・・・・・・・

というのは、
本当でしょうか、嘘でしょうか？

答えは次のページ➡

答えは

嘘

◆ 赤ちゃんは大人の感情が読み取れる!?

言葉の通じない外国人が何か話しているとき、口調を聞けば怒っているのかどうかすぐに分かりますよね。赤ちゃんも、言葉は分からなくても感情は伝わります。大きな声を出したり、怒鳴ったりすることは、絶対にやってはいけません。その刺激でさらに泣いてしまいます。ぐずり泣きを止めるためには、安心させてあげることが第一です。

◆ 子育て世代のちょっとした気遣い

特に異常がないのにぐずり泣きが止まらないときは、泣かせてあげてよいと私は考えています。赤ちゃんのストレス発散にもなるからです。ただ、赤ちゃんの泣き声は周波数的に耳障りな音であることは確かです。周りから「元気で泣いているな」と思われるか「うるさいな」と思われるかは、親次第の部分があります。ふだんからご近所づきあいをきちんとして、ご両親が笑顔でいることはとても大事なことです。リラックスして子育てを楽しんでください。

この本を執筆中の2023年冬、芸人コンビの春とヒコーキさんのYoutubeチャンネル『バキ童チャンネル』で、お二人がスウェーデンで子守に挑戦する動画が拡散されました。春とヒコーキのメンバーのぐんぴいさんがスウェーデン人のぐずり泣きする赤ちゃんを抱っこして、三三七拍子をしているうちに、赤ちゃんが笑いだして、最後は寝てしまった、というもの。寝かしつけに成功したこの音を、「どなたか科学に詳しい人に調べてほしい」とおっしゃっていたので、僭越ながら勝手に調べてみました。

まず赤ちゃんの鼓動は133BPMで、これは、100メートル走を終えた直後の大人の鼓動くらい。ぐんぴいさんは、最初この速さに合わせて赤ちゃんの「背中ポンポン」を始めます。そして、赤ちゃんが慣れてきたところで、少しゆっくりの三三七拍子に。まさにこの本のメソッドと同じやり方でした。外国人の赤ちゃんも同じ方法で笑顔になって眠りについたのです。

『ふかふかかふかのうた』をYouTubeで公開したとき、コメント欄がスペイン語や英語で埋めつくされたことも記憶に残っています。私のメソッドはごくシンプルですが、ぐずり泣きを止める方法は万国共通なのでしょう。

赤ちゃんはまだまだ謎に包まれた神秘の存在。向き合って育てていくお父さん・お母さんのご苦労は計り知れませんが、この本のメソッドが少しでも役に立てば幸いです。

2023年12月

鈴木　創（日本音響研究所所長）

鈴木　創 （すずき　はじめ）日本音響研究所所長

1971年東京生まれ。声紋鑑定・音響分析の専門家。警察や検察、裁判所等から依頼されて刑事・民事事件に関する音声・音響の科学捜査及び鑑定を多数担当。事件解決等で培った分析技術を応用して、映画やドラマの監修、英語発音矯正、睡眠促進、アニマルコミュニケーションなど幅広い分野で商品開発やプロモーションなども手がける。特に赤ちゃんの泣き声研究については、20年以上の実績を持ち、2012年に制作されたロッテCM『ふかふかかふかのうた』では、被験者の96.2%が泣き止んだ。『NHKニュース7』『クローズアップ現代』『チコちゃんに叱られる！』等、テレビ出演多数。実父は、研究所の創設者で、よしのぶちゃん誘拐事件、グリコ森永事件等で活躍した鈴木松美氏。

代表作
2002年タカラトミー『バウリンガル』（犬語翻訳機）イグ・ノーベル賞受賞（2002年）
2007年タカラトミー『赤ちゃんけろっとスイッチ』発売以来100万個出荷
2012年ロッテCM『ふかふかかふかのうた』公開半年で130ヵ国で500万PVを突破 カンヌライオンズ受賞（2013年）

STAFF LIST

装幀・本文デザイン
河村かおり(yd)

イラスト
中村由祐子

写真・動画撮影
杉山和行
(講談社写真映像部)

動画制作
村上ケンタ
(創造工房アトリヱこかげ)
植田甲人
(講談社写真映像部)

音源提供
ノスタルジア

赤ちゃんのぐずり泣きが止まる本
けろっと泣き止む魔法のメソッド

2024年2月20日　第1刷発行

著者　　鈴木 創
発行者　清田則子
発行所　株式会社講談社
　　　　〒112-8001　東京都文京区音羽2-12-21
　　　　販売☎03-5395-3606　業務☎03-5395-3615
編集　　株式会社講談社エディトリアル
　　　　代表　堺 公江
　　　　〒112-0013　東京都文京区音羽1-17-18　護国寺SIAビル6F
　　　　☎03-5319-2171
印刷所　株式会社新藤慶昌堂
製本所　株式会社国宝社

KODANSHA